GOSPA NEBESKA

Gospa Nebeska

ALDIVAN TORRES

Canary Of Joy

CONTENTS

1- 1

1

Gospa Nebeska
Aldivan Torres
Gospa Nebeska

Autor: Aldivan Teixeira Torres
© 2018-Aldivan Teixeira Torres
Sva prava pridržana

Ova e-knjiga, uključujući sve njezine dijelove, zaštićena je autorskim pravima i ne može se reproducirati bez dopuštenja autora, preprodavati ili prenijeti.

Aldivan Teixeira Torres je konsolidirani pisac u nekoliko žanrova. Do danas su naslovi objavljeni na devet jezika. Od ranog doba, uvijek je bio ljubitelj umjetnosti pisanja koji je konsolidirao profesionalnu karijeru od drugog semestra 2013. godine. Nada se svojim spisima doprinijeti Pernambuco i brazilskoj kulturi, probudivši zadovoljstvo čitanja kod onih koji još nemaju naviku. Njegova misija je osvojiti srca svakog od svojih čitatelja. Osim književnosti, glavni okusi su mu glazba, putovanja, prijatelji, obitelj i užitak življenja. "Za književnost, jednakost, bratstvo, pravdu, dostojanstvo i čast ljudskog bića uvijek" je njegov moto.

Naša dama se pojavila

Barcelos-Portugal-1702

Bilo je 1702. kolovoza. Mladi John je pastor svoje stado na Monte de Castro de Balugaes kada je izbila oluja. Tražio je sklonište u pećini u prilogu, iznenadio se zbog izgleda lijepe dame omotane u svjetlu.

"Zašto si iznenađen, Johne?", pitala me žena.

"Užasnuta sam jer nikad nisam vidjela prikazu", odgovorila je bivšem nijemim, odmah izliječena.

"Smiri se, mladiću." Ja sam Gospa. Molim vas da pošaljete poruku svom ocu da želim izgradnju kapele na ovom mjestu.

"On je dobro. Prenijet ću ti poruku. John se pripremio.

"Hvala vam puno." Zahvalila se našoj majci.

Mladić je trčao prema svojoj kući punoj radosti. Za njega je bila čast biti izabran za glasnogovornika tog svetca tako dragog kršćanskoj zajednici. Bilo je mudro, onda, ispuniti svoju želju što je prije moguće.

Stiže kući, našao je oca kako se odmara na kauču u dnevnoj sobi. Iskoristio je priliku da započne razgovor.

"Oče, moram razgovarati s vama." (Oče, moram razgovarati s vama)).

"Što? Zar nisi bio glup?

"Bio sam izliječen.". Čuješ li me?

"Da, možeš govoriti.

"Imam zahtjev da napravite kapelu u čast Gospe od Aparecida.

"Odakle ti ta ideja, dečko?"

„Svetac je pitao."

"Sveti?" Možeš li bolje objasniti ovu priču?

"Došla mi je kad sam bila sa svojim stadom u Monte de Castro de Balugaes." Bilo je očito u vašem zahtjevu.

"Pio si? Gdje si ikada vidio duhove? Već znam: pio si, sanjao i mislio da je sve stvarno.

"Ali tata!
"Ne mogu vjerovati. Razgovor je završen!
Mladić je bio tužan do kraja dana. Sljedećeg dana se vratila na stado na istom mjestu kao i prije. Tada se čudna dama pojavila.
"Kako si, Johne?" Jesi li slijedio moje zapovijedi?
"Da, moja majka. Međutim, nije bilo koristi. Moj otac nije vjerovao mojim riječima.
"Kako bezosjećajno od njega!" (Idi kući i ponovi moj zahtjev. Da ga uvjerim, traži kruh.
"Dobro, gospođo." Učinit ću kako tražite.
Dječak je opet požurio kući. U ovom trenutku, znatiželja je vladala što će se dogoditi, odnosi se na njegov zahtjev, jer obično nisu imali kruha na danas. Ipak, poslušao bi svetčevu zapovijed.
John je uvijek bio miran i običan dječak, ali nakon posljednjih događaja postao je neobjašnjivo misteriozan i prosvijećen. Ova promjena je bila prihvaćena velikom Božjem djelu u njegovom životu.
Kad je došao kući, našao je oca kako se odmara na istom mjestu kao i prije. Onda je opet prišao.
"Oče, svetica mi se opet pojavila." Traži izgradnju kapele još jednom.
"Ova priča opet?" Zar ti nije dosadila?
"Pošto joj nisi vjerovao, ona kaže: daj mi kruh.
"Kruh? Nemam ništa sa sobom. Ako želiš mrvice, imam ih u pećnici.
"Idi po njega za mene." (
Nevoljko, ustao i otišao provjeriti. Kad je otvorio pećnicu, što je njegovo iznenađenje kad je vidio punu kruha.
"Tako kaže naša majka: baš kao što sam pretvorio mrvice u kruh, mogu također pretvoriti tvoje tvrdo srce."

"Moj Bože i moja majka!" ". Kako glupo nisam bio vjerovati. Obećavam da ću hitno obaviti zahtjev naše majke.

„Dobro, moj otac." Piši biskupu. On će nam pomoći.

"Dobra ideja.

Oni su komunicirali činjenice Biskupiji koja je, kroz istragu, dokazala. Hram Djevice Majke sagrađen je gdje je isti dječak radio kao seks ton do kraja svojih dana. S izgledom u Barcelos, naša Gospa je postala posebni zaštitnik Portugalskog naroda.

Naša Gospa od Aparecida

Aparecida-Brasil-1717

Druga polovica listopada 1717. Pedro Miguel de Almeida Portugal i Vasconcelos, grof od Assumara i guvernera kapetanije Sao Paula i zlatnih rudnika bili su u Guaratingueta. Da bi im odali počast, neke grupe ribara pokrenule su svoje brodove u rijeci Paraiba da bi uhvatili ribu.

Među njima, ribari Domingos Garcia, John Alves i Filipe Pedroso molili su se Djevici Mariji da mole božansku pomoć. Bilo je nekoliko neuspješnih ribolovnih pokušaja dok, blizu luke Itaguaçu, nisu ulovili sliku Djevice Marije. Kasnije su pokušali uloviti toliko ribe da je brod jedva mogao nositi svoju težinu.

Slika je bila u stanu Filipe Pedroso 15 godina od mjesta odakle je primio posjet vjernika na molitvu. Bilo je mnogo izvještaja o čudima, koja su privukla sve više ljudi iz svih dijelova zemlje. Rješenje je bilo da se slika prenese u govornicu, a kasnije je izgrađena kapela koja je postala bazilika danas, četvrti naj posjetioci Marijanski hram na svijetu.

16. srpnja 1930. godine, Gospa od začeća Aparecida proglašena je svetcem zaštitnika Brazila od pape listopada službeno je službeno zakonom 6802, od 30. lipnja 1980. Naša Gospa od Aparecida je zaštitnik svih Brazilaca.

Znana čuda naše gospe su se pojavila

Čudo svijeća 1733

Bila je mirna noć u govornici koja je smjestila sliku svetice. Bez očitog razloga, dvije svijeće koje su zapalile mjesto su se ugasile. Prije nego što su ih mogli ponovno zapaliti, zapalili su se sami i izazivajući veliko divljenje među onima koji su bili prisutni.

Pad lanaca 1850

Rob po imenu Zacarias, koji prolazi blizu Crkve gdje je slika svetice, tražio dopuštenje od nadzornika da uđe u hram i moli se našoj Gospi. Dozvoljeno, ulazi u svetište i kleči pred slikom, moleći se. Prije kraja molitve, čudesno lanci koji su ga vezali, ostavljajući ga potpuno slobodnog.

Vitez

Vitez, koji prolazi kroz Aparecida, vrlo skeptičan prema Bogu, ismijavao je hodočasnike kad je vidio njihovu vjeru. Želi dokazati svoju hipotezu, obećao je sebi da će se vratiti u Crkvu. Prije nego što je postigao svoju namjeru, šapa njegovog konja je zapela u kamenu crkvenog stubišta, srušivši ga. Nakon toga, on se pokajao i postao posvećen Djevici.

Slijepac

Obitelj Vaz je živjela u Jaboticabal, i svi su bili vrlo odani Gospi od Aparecida. Među članovima obitelji, najmlađa djevojka je bila slijepa od rođenja. Imala je veliku vjeru u našu Lady i njen najveći san je bio posjetiti baziliku svetice.

Kroz rad Duha Svetoga, obitelj je ispunila djevojčin san tijekom odmora. Odjednom, kada je dosegla korake Crkve, djevojka je uzviknula: "Majko, kako je lijepa ova crkva!". Od danas je počela vidjeti normalno, povećavajući broj čuda pripisuje svecu Brazila.

Dječak u rijeci

Sin i njegov otac su otišli u rijeku da pecaju. To je bila rutinska aktivnost za oboje s njima već imaju iskustva u njemu. Ipak, dogodila se nesreća: zbog jake struje, dječak je pao u rijeku koju je vukla struja. Očajnički, otac je vikao na pomoć Gospe od Aparecida. Trenutno, struja smirila ono što je omogućilo dječakov spas kroz njegov otac.

Čovjek i jaguar

Farmer je bio na putu kući nakon normalnog dana truda. U jednom trenutku, jaguar se pojavio da ga je uplašio i stjerao u kut. Izlaz je bio pozvati pomoć Gospe od Aparecida. Strategija je uspjela jer je jaguar jednostavno pobjegao.

Naša Gospa od predstavljanja

Natal-Brasil-1753

21. studenog 1753. ribari su našli drveni sanduk na jednom od stijena blizu obale rijeke Potengi. Nakon otvaranja kutije, našli su sliku Gospe od Rosario u pratnji sljedeće poruke: gdje ova slika ne donosi nesreću.

Gradski svećenik je obaviješten o otkriću i kao ovaj dan je bio točno datum na kojem je Mary predstavljena hramu u Jeruzalemu, slika je krštena kao "Naša Gospa od predstavljanja" i proglasila gradskim pokroviteljem. Ovaj dan je praznik u gradu, dan odanosti svetom zaštitniku cijelog sjevera – Rio Grande do Sul.

Naša Gospa od Lavang

Vijetnam-1798

Krajem 18. stoljeća, došlo je do spora između različitih konkurenata za Vijetnamsko prijestolje. Među njima, Nguyen Anh, zatražio je potporu katolika i vladara Francuske. Znajući to, Canh Thin, njegov protivnik, naredio je uništenje svih katoličkih entiteta koji su ga podržavali.

Izlaz za malu skupinu kršćana u toj zemlji bio je da se skloni u planinama između granica. Međutim, njegovi protivnici nisu počivali da ih unišiti. Osim toga, oni su patili od gladi, hladnoće, bolesti i napada divljih životinja. Bilo je to u ovoj ekstremnoj situaciji da se jednog dana naša Gospa pojavila u grupi ljudi u dugoj bijeloj haljini sa bebom Isusom u naručju i okružena anđelima. Onda ih je kontaktirala.

"Ja sam naša dama.". Moje srce je s tobom u ovoj teškoj situaciji. Ne obeshrabruj se! Uzmi Lavang lišće, kuhaj ih i popij čaj. Na taj način, oni će biti izliječeni od svojih bolesti. Također obećavam da ću slušati sve molitve koje su se ovdje stvorile.

To je rekao, nestao je kao dim. Na ovom mjestu, podignuta je jednostavna kapela. To je bila točka sastanka za vjernike koji su pobjegli proganjanjem. Tijekom gotovo stotinu godina vjerskog progona, svetac se pojavio na ovom mjestu nekoliko puta dakajući upute i ohrabrujući ih. Naša Gospa od Lavang je tako postala posebni zaštitnik vijetnamskih kršćana.

Naša Gospa od Lichen

1850-Poljska

Bilo je 1813. U to vrijeme, revolucija preuzima Europu koju su doveli Napoleon i njegovi vojnici. Kao i u svakom ratu, bilo je ogromnih ljudskih gubitaka za razmatranje. Možemo uzeti kao primjer bitka naroda u kojoj je ranjeno oko 80.000 boraca.

Među mnogim vojnicima, jedan od njih se zove Tomasz Klosowski je bio odan našoj Lady. Svake noći je inzistirao na zahtjevu da ne umre u stranim zemljama. Na jednoj od onih žarenih noći, besprijekorna mu se pojavila u zlatnom ogrtaču i bijelom orlu u ruci.

"Ja sam naša dama.". Čuo sam vaše molitve. Vratit ćeš se u svoju regiju. Kad se to dogodi, potraži sliku poput mene i širi moju odan osveto

"Hvala ti puno, moja majka." Zadovoljan sam vijestima. Učinit ću to po tvojoj svetoj volji.

"Sretan sam, dobar sluga." Ostavit ću ti svoj mir. Hajde, neka ovaj rat uskoro završi.

"Neka bude tako!

Majka svih nas se digla pred njenim očima i ubrzo je nestala u nebesku odan osveto. Čudo, ovaj sluga je spašen od svih opasnosti u bitkama i na kraju njih se vratio u svoju domaću regiju. Tijekom dvadeset tri godine, tražio je izgovorenu sliku i završio je pronalaženje. Stavio ga je u svoj dom i kasnije u kapelicu smještenu u obližnjoj šumi.

Međutim, unatoč njezinim naporima, Marijina odanost nije postala popularna u regiji, ostavljajući sliku napuštenu u šumi. 15. kolovoza 1850. Svetica se manifestirala sa svećenikom koji je prolazio.

"Ja sam naša dama.". Žalosna sam zbog pustošenja ove slike i zabrinuta zbog zla koje kontaminira svijet. Ljudi stalno griješe, ne razmišljaju o pokori i mijenjaju svoje živote. Neće dugo trajati, i bit će strogo kažnjeni od Boga zbog toga. Odjednom će pasti mrtvi i neće biti nikoga da ih pokopa. Stari ljudi će umrijeti, djeca će umrijeti u činu da ih njihove majke nahrane. Dječaci i djevojčice će biti kažnjeni, mala siročad će plakati roditeljima. Onda će biti dug i užasan rat.

"Zar ne možeš vikati Bogu da bi barem olakšao ove jade?" – Pitao je Mikolaj Sikatka.

" Radim ovo cijelo vrijeme." ". Nebeski Očeva milost je neiscrpna, i sve se još uvijek može promijeniti. Kada su sveci u zemlji, to se može spasiti. Zemlja treba svete majke. Volim vaše dobre majke, uvijek ću vam pomoći u svakoj potrebi. Razumijem ih: bila sam majka, u velikoj boli.

"U pravu si. Poljska stvarno ima izuzetne majke. Kako možemo vratiti njihovu naklonost?

" Najperfidnije namjere ugnjetavača, vaše majke ih slome. Daju zemlju brojne i herojske djece. U razdoblju univerzalne vatre, ova djeca će oteti slobodnu domovinu i na svoj način će ih spasiti.

"Sretan sam. To je najmanje što smo mogli učiniti.

„Ovo je samo vrh ledenog brijega." Zlo se ne odmara. Primjer ovoga je da će Sotona sijati nesloge među braćom. Sve rane neće biti iziliječene još, a generacija neće rasti dok zemlja, zrak, i mora su prekrivena toliko krvi da do danas nije viđena. Ova zemlja će biti oplođena suzama, pepelom i krv mučenika svetog cilja. U srcu zemlje, mladost će nestati na kocki žrtve. Nevina djeca će umrijeti od mača. Ovi novi i bezbroj mučenika će se izjasniti pred prijestoljem Božje pravde za tebe, kada će se dogodi posljednja bitka za dušu nacije, kada će ti suditi. U vatri dugih suđenja vjera će biti pročišćena, nada neće nestati, ljubav neće prestati. Hodat ću među vama, braniti ću vas, pomoći ću vam, preko vas, pomoći ću svijetu.

"Blagoslovljen bio, moja majka.". Možemo li se nadati sretnom završetku ove priče?

"Na iznenađenje svih naroda, iz Poljske, nada će se pojaviti za mučenu čovječno Sveto Onda će sva srca biti radosna, jer nije bilo prije tisuću godina. Ovo će biti najveći signal koji je dao naciji, da se urazumi i da se utješi. Ujedinit će vas. Onda, u toj izmučenoj i poniženoj zemlji, izuzetne milosti će se spustiti kao što nije bilo prije tisuću godina. Mlada srca će se micati. Seminari i samostani će biti puni. Poljska srca će proširiti vjeru na istoku i na zapadu, na sjeveru i na jugu. Božji mir je uspostavljen.

"Slava Bogu!

"Imam poseban zahtjev: želim da se ljudi okupe u molitvi moleći moju krunicu. Također, želim svećenike slaviti misu s većom predanošću. Što se tiče slike, molim vas da je prebacite na prikladnije mjesto. U budućnosti, samostan i utočište posvećen meni će biti izgrađen. Zato što su toliko posvećeni mojoj stvari, da ću ih pokriti blagoslovima i slavama. Ništa ti ne može nauditi.

"Učinit ću što mogu, majko." Možeš se odmoriti.

"Znam, dobar sluga. Ostavit ću mir s tobom!

"Hvala!

Anđeli su okružili Gospe koji ju je nosio za ruke. Onda su letjeli u smjeru svemira. Pastor je bio pažljiv za nekoliko trenutaka o najboljoj strategiji koja se u toj situaciji. Odlučio je slijediti točno korake poduzetih.

Vrijeme je prošlo. Unatoč svim naporima koji je napravio sluga, nitko nije obraćao pažnju na njega. Uz njegovo uhićenje, situacija se pogoršala. Ljudi su prepoznali poruke Božje majke nakon epidemije kolere. S tim su se pokorili. Komisija je također uspostavila čiji je glavni cilj bio potvrditi istinitost prikaza. Zaključak ovog procesa je bio pozitivan.

Slika je prenošena nekoliko puta dok nije definitivno bila u sedmom najvećem crkvi u Europi, slava svoje regije. Kako je vrijeme prolazilo, odanost Djevici Majci Božjoj rastao u zemlji, koja je imena Marije širom Europe. Naša Gospa od Lichen je specijalni zaštitnik svih Poljaka.

Naša Gospa od Lourdes

Francuska-1858

Prva utvara

11. veljače 1858-A četvrtak

Bernadete, njena sestra Marie i prijateljica poslani su na teren da pokupe suhe grane. Obično su dobrovoljno obavili ovaj posao, što im je dalo osjećaj da budu korisni. Na putu do ovog zadatka, pristali su ići dalje, točnije, do sastanka kanala vode i darivaoca.

U trenutku prelaska vode, pored pećine, dvije tvrtke Bernardete a počele su prelaziti vodu dok je ista bila sumnjiva da li bi to moglo učiniti. To je objašnjeno medicinskom preporukom da se ne prehladimo.

Nakon pet minuta, konačno je uzeo hrabrost i počeo skidati čarape. U tom trenutku je čuo buku sličnu vjetru. Gledajući suprotnu stranu špilje, primijetio je stabla koja ga je smirila. Onda je nastavio vježbati uklanjanje čarapa.

Ubrzo nakon toga, kada je podigao glavu u smjeru pećine, vidio je gospođu odjevenu u bijelo. Prema opisu, osim haljine, imala je bijeli veo, plavi pojas, ružu na svakoj nozi i držala treću. Uplašena, djevojka je pokušala uzeti treću i napraviti znak križa, ali nije uspjela u prvom pokušaju. S malo više vremena, postalo je mirnije. Uspio je napraviti znak križa i počeo moliti krunicu.

Kroz molitvu, čudna dama je ostala zagonetno dostižna njegove oči. Na kraju ove vjerske aktivnosti, prikaza mu je signalizirala da pristupi. Strah ga je spriječio. Shvativši da je djevojčina krhkost, prelijepa dama se odselila i nestala u neizmjernost pećine.

Sama, draga djevojka je završila sa skidanjem cipela. Prešao je vodu da bi se našao sa svojim društvom. Nakon toga, oni su uzeli suhe grane i počeli se vraćati kući. Vezana svime što se dogodilo, stupila je u kontakt s ostalima.

"Jesi li vidio nešto?"

Jesi li vidjela nešto, Marie?", upitao me prijatelj.

" Nisam ga vidio bilo. " ". Što ste vidjeli, sestro? "Marie je pitala.

"Ako ga niste vidjeli, nisam ga ni ja vidio", rekao je Bernardete.

Čudan razgovor je učinio druge djevojke potpuno sumnjičavim. Dakle, na putu, oni su ga stalno pitaju pitanja. Toliko su inzistirali da vidovnjak nije imao izbora nego da kaže.

"On je dobro. Vidio sam damu s krunicom u ruci u pećini. Proveli smo neko vrijeme diveći se sebi i moleći krunicu.

"Tko je to bio, sestro?" upitala je Marie.

"Nisam imao srca pitati." Strah je bio vrlo velik – Bernadete opravdavao.

"Trebala sam pitati." Samo na ovaj način ne bi bili u sumnji ", promatrala je Marie.

Šteta što nismo imali vizu! "Prijatelju je žao."

"Da li čuvate ovo tajnu?", pitao je Bernardete.

"Ne brini, usta su nam kao grob", rekao je prijatelj.

"Nitko ne bi trebao znati", rekla je Marie.

Razgovor je završio, a djevojke su nastavile pratiti put. Kad su se vratili kući, nisu održali obećanje pričajući priču o prikazu svima. Ovo je bila kraća priča o prvom pojavljivanju.

Drugo pojavljivanje

14. veljače 1858. nedjelja

Vraćajući se na isto mjesto u društvu drugih djevojaka, Bernardete je ponio bocu svete vode sa sobom. Hrabro, ušli su u pećinu i počeli moliti. Na samom početku ove aktivnosti, čudna dama se opet pojavila u viziji vida Bernarde te.

Instinktivno, vidovnjak je počeo bacati svetu vodu na prikazu govoreći:

"Ako dođeš od Boga, ostani. Ako ne, odlazi.

Vizija se nasmijala i klimnula bez da je išta rekla, što je dodalo dramu situacije. Uostalom, tko je ona, i što je tražila? Sveta voda je izlijevala u nju do kraja. Kada krunica bude završena, žena je misteriozno nestala. S tim se grupa mladih ljudi vratila u svoje domove.

Treća prikaza

18. veljače 1858. Jedan četvrtak

Vraćajući se na mjesto s ljudima koji pripadaju eliti, vidovnjak je uzeo tintu i papir s njom, slijedeći savjet nekih. Na početku molitve krunice, žena se opet pojavila. Prvi kontakt je tada ostvaren.

"Ako imate nešto za reći, recite da ću zapisivati ", kazala je Bernadete.

"Nema potrebe pisati ono što imam za reći." Međutim, želiš li imati milosti da me posjetiš ovdje 15 dana?

"Da", rekao je Božji sluga.

"Drago mi je za vašu odluku." Nastavite molitvu s velikom vjerom. Uvijek ću te blagosloviti", rekao je prikaz.

"Amen", djevojčica je htjela.

Nastavili su u molitvi krunice i na kraju je opet nestao vid. Misterija je ostala, a onda su se oni u pećini vratili kući.

Četvrta prikaza

19. veljače 1858. Petak

Vidovnjak i oko šest prijatelja ušli su u pećinu tražeći tajanstvenu ženu. Kada počinje molitva treće, od treće ptice Mary, pogled na čudnu damu je očit i traje oko 30 minuta. Dovoljno je dugo da prenese neke tajne smjernice odanosti. Kada krunica bude završena, misteriozno nestaje. Kao što je dogovoreno, prorok i prijatelji obećavaju da će se vratiti sljedeći dan.

Peti izgled

20. veljače 1858

Uskoro, Bernadete i trideset drugih svjedoka stiglo je u pećinu. Čim su počele molitve, dama nebeska se otkrila da je sluga. Današnja lekcija je bila da ga naučimo molitvu koja bi trebala biti tajna. Nakon što završimo ovaj zadatak, rekli su zbogom. Još jedan dan je bio ostvaren.

Šesta pojava

21. veljače 1858

Bernadete se vratila u špilju s kontingentom od 100 ljudi. U sedam ujutro, slavna gospođa se predstavila:

"Dobro jutro! Neka mir bude s tobom!

"Neka bude tako. Što želiš za danas?

"Došao sam vam savjetovati da ostanete na putu." posebno, molite se za grešnike.

"Ja ću to učiniti. Ali ponekad su ljudi tako nepristojni i bezosjećajni.

"Istina je. Ali Bog može sve. Traži vašu suradnju.

"Osjećam se zahvalno na pozivu." Ne želim ništa zauzvrat za to.

"Ne želiš, ali Bog će ti ga dati.". Obećavam ti sreću.

"Ovdje? U ovom moru zla?

"Obećavam vam sigurnost i mir na zemlji." "Sreća će biti ostvarena na nebu.

„Neka mi se to učini prema vašim riječima."

"Amen! Mir i dobro! Moram ići.

"Idi u miru!

Blijede u tami pećine, prosvijetljeni jedan ostavio sluge da se mole. Naravno, više blagoslova će biti poslano od strane tog bića čistog svjetla.

Napuštajući špilju s gomilom, vidovnjak je počeo da se vrati kući. U ovom trenutku u povijesti, prikaz su već poznati mnogim ljudima, koji su stvarali sve više i više glasina.

Jedan od onih koji su saznali za tu činjenicu, bio je gradski delegat Dominique Jacomet. Bio je grub čovjek koji je nevjerico religije, težio je dobrom javnom redu. Posljedice prikaza su bile toliko jake da je bio prisiljen istražiti slučaj. S tim je vidovnjak pozvan da svjedoči.

Kao građanin ispunjava svoje dužnosti, odgovorila je na pozive znajući da se nema čega bojati. U popodne istog dana posjetila je policajca na poslu. Okupljanje u privatnoj sobi, počela je ispitivati.

"Gospođice, pozvao sam vas da pojasnimo." Poznato je u cijeloj zajednici vjerojatnih prikaza. Što kažeš na to? Zamolio je delegat.

"Čast mi je što su me izabrali sile neba." To me ne povećava niti me ne plemenito. Ja sam samo dio većeg plana", odgovorio je intervjuirani.

"Što? Pokušavaš me uvjeriti da je to istina? Uskoro?

"Nije ni čudo što mogu vjerovati." ". Ipak Bog može učiniti sve.

"Glupost! Ne vjerujem u vile, goblene, crno lice, vola ili čak duhova! Nije li dovoljno da brinem o procesima? Hoću li se sada morati brinuti o osuđenicima?

"Nije otuđenje." I samo Božja akcija!

"Stiže! Već sam izvukao svoje zaključke! Od sada ti zabranjujem da se vratiš u pećinu.

"Ali što radim krivo?"

"Samo ne želim da postane nešto veće." Idi kući i poslušaj.

" Poštujem tvoj autoritet, ali to ne mogu obećati.

"Upozoren si." Ako inzistiraš, morat ćeš snositi posljedice. Agenda zatvorena!

Bernadete je napustila sobu i policijsku postaju. Publika s zamjenikom ga je učinila nelagodnim. Međutim, on je nosio u prsima siguran da nitko ne može biti veći od Boga. Razmislio bih o tome. Doći kući i govoriti o intervjuu s zamjenikom, otac ju je jako zabranio pristup špilji. Mlada žena je zaplakala jer je znala da će sve biti teže, odnosi se na njene pretenzije.

Sedmi pojavljivanje

22. veljače 1858

Delegat je bio uvjeren u njegovu odluku. Cilj izvršavanja svojih zapovijedi, postavio je vojnike u garnizon pećinu. Iako je zabranjeno, hrabra djevojka je inzistirala na obećanju koje je dalo Bogu. Čudo, protivnici nisu bili svjesni njezine prisutnosti i ona može ući na to sveto mjesto. Kao i obično, molio se tiho. Međutim, ništa se nije dogodilo. Ovaj put, posjet nije stigao. Vratio se u grad, saznao je za suspenziju zabrane. Ovo je bila osobna pobjeda za Krista protiv Sotone.

Osmi prijam

24. veljače 1858

Bila je to topla i mirna srijeda. U blizini pećine, bilo je oko 300 ljudi. Antikrist je vikao protiv gomile.

"Kako je moguće da još ima toliko idiota u sredini 19. stoljeća?"

Kao odgovor, Marian posvećeni pjevali pjesme u čast Djevice. Bernadete je presretna na nekoliko trenutaka. Obično, u ovo vrijeme primate poruke. Okreće se publici, časna žena doziva:

"Kajanje, pokora, pokora!" ". Molite se Bogu za pretvaranje grešnika!

U suzama, gomila je obećala da će ispuniti zahtjev. Mračne sile su izgubile još jednu bitku protiv moći naše gospe. Lik na nju gazi na zmiju predstavlja nadu za skromne u Bogu. Blagoslovljena bila naša majka!

Deveta utvara

25. veljače 1858

Vidovnjak i još 300 ljudi su blizu pećine kada se pojave prikaza.

"Dobro jutro, moj voljeni prijatelju." Tvoj zadatak je da odeš do izvora i opereš se. Pojest ćeš travu koja je tamo.

"Sada ću to učiniti", rekao je dragi sluga.

Vidovnjak je to učinio kao što je tražio svetac. Vizija je nestala i mlada žena je morala odustati od posla. Pojavljujući se pred publikom koja je čekala nestrpljivo, pitali su:

"Znate li tko misli da ste ludi za tim stvarima?"

"To je za grešnike" odgovara časnom odanom.

Kad je stvar zatvorena, svaki se vratio u svoje domove.

Deseta utvara

27. veljače 1858

Oko 800 ljudi prisustvovah ovom činu. Bernadete pije svetu vodu, pokora i stvara molitvene lance. Čudna dama sve ovo promatra u tišini.

Jedanaesti izgled

28. veljače 1858

Publika raste svaki dan. Tisuće ljudi gleda kako gleda proročicu u ekstazi, moli se, ljubi zemlju i na koljenima kao znak poniženja. Zbog posljedica tih djela, ona je preuzeta pred sudcem i isto se prijeti zatvorom. Ponovno, sile tame pokušavale su spriječiti put ovog učenika Krista.

Dvanaesta utvara

1. ožujka 1858

Slava prikaza je sve više rastala. Kao rezultat toga, publika za taj dan je premašila 5000 ljudi. Isti ritual kao i drugi puta slijedio, sa snagom svjetlosti koja prati sve. Sa odlaskom svih, Catarina Latapie, prijateljica vidovnjaka, otišla je u špilju vjerujući u čudesnu moć fontane koja je tamo pronađena. Mokrim u bolestan ruku, ruku, i ruka su misteriozno zacijeljene rezultiraj ući povratkom pokreta. Postojao je dokaz da je Bog radio na tom mjestu.

Trinaesti izgled

2. ožujka 1858

Publika se znatno povećava. Čim počne lanac molitve, pojavi se gospođa.

"Dobro jutro, najdraži prijatelju." "Imam zahtjev danas: reći ćeš svećenicima da dođu ovdje u povorku i izgrade kapelicu.

"Dobro jutro! Prenijet ću poruku.

Prilazi grupi svećenika, ona se javlja.

"Dama koja mi se čini traži da organiziraju povorku za ovo mjesto i da će izgraditi kapelicu.

"Zahtijevam dvije stvari za ovo: želim znati ime te dame i vidjeti čudo. Neću vjerovati dok ružin grm ne procvjeta.

"Proći ću na vaše zahtjeve, dragi svećeniče", Bernadete se složila.

Vraćajući se u prikazu, pita, ali vizija ostaje tiha. Ubrzo poslije, nestaje, rastužuje publiku. Nije bilo ovog puta.

Četrnaesta utvara

3. ožujka 1858

Ujutro, vidovnjak dolazi u pećinu u pratnji oko tri tisuće ljudi. Iako su svi ritualni koraci slijedili do pisma, vizija ne izgleda kao da je malo frustracije u ljudima. Kasnije, vidovnjak prima poruku od žene koja traži povratak u pećinu. Tamo se opet manifestira. Nakon svećenikovog zahtjeva, mlada žena postavlja isto pitanje kao i uvijek. Kao odgovor, on dobiva osmijeh. Kada napusti pećinu, ona se vrati u kontakt sa svećenikom koji ponavlja njegov zahtjev: "Ako stvarno želi kapelicu, neka joj kaže svoje ime i učini ružin grm cvijetom usred zime ".

Blažena mlada žena se vraća kući puna nade da će vidjeti ovo čudo ispunjeno. Na kraju krajeva, s Bogom nema ništa nemoguće.

Petnaesta utvara

4. ožujka 1858

Gomila je znatno raste: Sada je 8.000 ljudi u potrazi za osobnim odgovorom na blistav prizor. Suprotno svim očekivanjima, žena šuti u suočenju sa svim pitanjima. Misterija koja okružuje ovu figuru je postajala sve veća i veća. Dvadeset dana Bernadete se ne vraća u pećinu.

16. utvara

25. ožujka 1858

Bilo je mirno i toplo jutro kad je djevojka opet ušla u pećinu. Kao i obično, počeo je govoriti krunicu. U ovome se pojavio prosvijetljeni.

"Opet sam ovdje. Imaj vjere u Boga i mene. Zovem se Bezgrešno začeće.

"Imam puno vjere." Prenijet ću vašu poruku svećenicima.

Trčanje sretno, sluga Božji je rekao svećenicima što se dogodilo. Impresionirani su; stoga je naslov "Bezgrešno začeće" dat kao čast našoj dami i smatran dogmom. Misterija je stoga riješena.

Sedamnaesta utvara

7. travnja 1858

Pred publikom, Bernadete pali svijeću. Ruka mu je bila zaglavljena u plamenu tijekom ovog procesa. Na kraju ovog čina, otkriveno je da nije patila nikakve opekline, povećavajući listu čuda Bezgrešne Djevice.

Osamnaesta utvara

Pristup pećini je zabranjen nesreći svih vjernika naše gospe. Bernadete koristi drugu rutu da bi se približila stranici. Njegova vizija je Gospe od Mount Karmela koja maše zbogom. Taj ciklus prikaza je tako završio.

Zaključak

Četiri godine kasnije, vizije su bile autentične. Vidovnjak je ušao u zajednicu milosrđa gdje je ostala do smrti. Njegova kanonizacija se dogodila 8. prosinca 1933.

Naša Gospa od dobre pomoći

9. listopada 1859

Prvak Wisconsin-SAD

Adele i drugi susjedi su donijeli pšenicu iz polje. U jednom trenutku, bila je iznenađena izgledom žene koja stoji između dva drveta. Dama je nosila bijele haljine, kosa joj je bila kestenjasta, tamne, duboke oči snažno fiksirane na mladu ženu. Napunjena strahom, naša sestra u Kristu je stalno razmišljala o tome što bi trebala učiniti dok vizija jednostavno nestane. Onda se vratila u samostan.

Kasnije, prolazeći kroz isto mjesto, opet je vidio sliku. Nakon dolaska u samostan, još uvijek uplašena, otkrila je tajnu svom osobnom ispovjedniku:

"Oče, žena mi se dvaput pojavila. Što da radim?

"Javi se." Ako si s neba, neće te povrijediti.

"Dobro je!

Nakon savjeta, časna se vratila na mjesto prikazivanja. Kao što se i očekivalo, pojavio se istoj dami. Smiri se, ona je intervjuirala viziju.

"Tko, je li? A što želiš od mene?

"Ja sam kraljica neba, koja se moli za preobraćenje grešnika, i želim da i ti učiniš isto. Jutros si primio Svetu pričest, i dobro si. Ali moraš učiniti više. Objasnite opću ispovijed i ponudite pričest za pretvaranje grešnika. Ako se ne preobrate i izvrše pokoru, moj sin će biti obvezan kazniti ih. Sretni su oni koji vjeruju bez da vide. Što radiš ovdje u besmislenosti dok tvoji prijatelji rade u vinogradu mog sina? Okupite djecu ove divlje zemlje i naučite ih što moraju znati za njihov spas. Naučite ih katekizmu, kako da potpišu Cross i priđu Sakramentima. To je ono što želim da učiniš. Idi i ne boj se. Pomoći ću.

"Čast mi je što sam ispunio tako veličanstvenu misiju."
"Blagoslovljen bio među svim ženama!

"Blagoslovljen bio naš Bog!" ""

"Učinit ću kako tražite."

"Budite u miru tada!" Neka se pridružimo našim snagama tako da se više grešnika preobrati! Ne želim izgubiti nijednog od ovih malih.

"Ni ja! Hvala, moja majka.

"Nema na čemu, kćeri."

To je rekao, Dama ustala na njezin vid, ide pridružiti anđelima na nebu. Ovo je još jedna od snimljenih prikaza koji su ciljali na njegovu najveću slavu. Blagoslovljena bila naša majka.

Naša Gospa nade

Pontmain-France-1871

Oko šest sati 17. siječnja, Eugknio Barbeie... brinuo se za mlađeg brata. U ovom trenutku, susjeda po imenu Joana Details je stigla. Došla je malo razgovarati i nedostaju joj dragi prijatelji. Uz prekid svojih dužnosti, Eugknio je htio izaći na neko vrijeme i to je učinio.

U ovom trenutku, bio je iznenađen kad je vidio damu kako pluta nekoliko metara iznad susjedne kuće. Lijepa žena je zasjala kao sunce. Njegova odjeća je bila plava ukrašena sjajnim zvijezdama, a njegovi par cipela su plave sa zlatnim kopčama. Osim toga, nosio je crni veo pažljivo preplavljen sa zlatnom krunom na glavi.

Dječak se divio liku neko vrijeme. Ubrzo nakon toga, susjed je također izašao van, i iskoristio je situaciju da razgovara s njom.

"Joan, zar ne vidiš ništa gore u trgovini dima?" Dijete je upitalo, pokazujući svojim kažiprstom na vidjelo.

"Ne vidim ništa, sine moj", rekao je susjed ravno.

U ovome, dječakovi roditelji također odlaze, ali ne mogu ništa vidjeti. Mlađi dječak vidi istu sliku. Drugi ne vjeruju svojim verzijama i prisiljavaju ih da uđu u kuću na večeru. Kasnije, on dobiva dozvolu da opet ode. Opet je bila vizija i oni su zapanjeni.

Vijesti o prikazu su putovale kroz selo i ubrzo se pridružilo dobar broj ljudi. Među njima, samo dva studenta iz samostana mogu opisati viziju. Svećenik je pozvao druge da se mole i pjevaju pjesme. S tim, značajne činjenice su se dogodile. Tri sata su prošla prije nego je vizija potpuno nestala. Poruka koja se daje u ovoj prigodi je sljedeća: "Ali moli se, djeco moja; Bog će vam uskoro odgovoriti; moj sin će uskoro biti premješten." "

Naša Gospa od Pellevoisin

Pellevoisin – Francuska – 1876

Malo o vidovnjaku

Estela Faguette je rođena 12. rujna 1839. Slatka i šarmantna djevojka, ona uskoro dobiva religiozne i obrazovne upute potrebne u svom djetinjstvu. U 11. godini, nešto izvanredno se dogodilo u životu: izabrala ju je zajednica da nosi natpis Gospe u povorci dogme Bezgrešnog začeća. Bio je to izuzetan trenutak koji mu je pružio radost i bliži odnos s majkom Božjom.

Tri godine kasnije, bila je prisiljena preseliti se u Pariz tražeći bolji uvjet života za svoju obitelj. U to vrijeme, počeo je prisustvovati samostanu koji sazrijeva svoju odanost Mary. Toliko voli okoliš da je počeo proces religijske integracije. Tri uzastopne godine, on je učinio dobar posao propovijedanja, također uključuje pomaganje najpotrebnijima. Na kraju ovog vremena, ona je prisiljena napustiti svoj vjerski život i otići na posao s obitelji da pomogne svojim roditeljima.

U vrućoj sezoni, njihovi šefovi presele u ljetnu kuću smještenu blizu Pellevoisin. Estela i njeni roditelji ih prate.

Estelina bolest

Estela je ozbiljno bolesna. Bliže kćeri, rođaci sluškinje pružaju potrebnu emocionalnu podršku za nju u ovom trenutku. Zdravlje mu je tako osjetljivo da njegovi poslodavci kupuju zemlju na groblju grada. 14. veljače, njegov osobni liječnik mu daje ultimatum: Nema više od nekoliko sati života. U ovom slučaju, djevojka je već dala ostavku na svoj kraj. Barem se osjeća podržavaju roditelji.

Proklete bolesti koje nanose patnju su: plućna tuberkuloza, akutni upala trbušne maramice i tumori u trbuhu. Mjesecima ranije, preselila se posljednja nada da će biti izliječena, napisala je pismo adresirano Djevici Mariji poslano točno u pećinu posvećenu našoj gospi od Lourdesa. Evo sadržaja pisma:

"O moja dobra majko, evo me opet pred tvojim nogama. Ne možeš odbiti da me čuješ. Nisi zaboravio da sam ti kćer, da te volim. Podari me, stoga, kroz svog božanskog sina, zdravlje tijela, za tvoju slavu.

"Pogledajte bol mojih roditelja, znate da oni nemaju ništa osim mene kao resurs. Zar neću moći završiti posao koji sam započeo? Ako ne možeš, zbog mojih grijeha, daj mi potpuni lijek, barem mi daj malo snage da mogu zaraditi život mojih roditelja i mene. Vidiš, moja dobra majko, oni su blizu moliti za kruh, ne mogu razmišljati o tome bez da budem duboko uznemiren.

"Sjeti se patnje koje si trpio, u noći rođenja Spasitelja, kada si bio prisiljen ići od vrata do vrata tražeći azil! Sjeti se što si pretrpio kad je Isus postavljen na križ! Imam povjerenja u tebe, moja dobra majko, ako želiš, tvoj sin me može izliječiti. Zna da sam jako želio biti među njegovim ženama i da je bilo ugodno što sam žrtvovao svoje postojanje za moju obitelj koja me toliko treba.

" Udostoj se slušati moje molbe, moja dobra majko, i proslijediti ih na svoj božanski sin. Neka mi vrati moje zdravlje ako mu se svidi, ali neka njegova volja bude ispunjena, a ne moja. Dajte mi barem potpunu ostavku na svoje dizajne i neka to služi mom spasenju i da mojih roditelja. Imaš moje srce, Sveta Djevice, uvijek ga zadrži i neka bude zavjet moje ljubavi i moje priznanje za tvoju majčinsku dobrotu. Obećavam ti, moja dobra majko, ako mi podariš milost koju tražim od tebe, da postigneš sve što ovisi o meni za tvoju slavu i tvog božanskog sina.

"Uzmi moju dragu nećakinju pod zaštitom i zaštiti je od loših primjera. Učini, Sveta Djevice, imitiraj te u svojoj poslušnosti i da ću jednog dana biti s tobom, Isuse, u vječnosti.
„Članak 1.

Odgovarajući na ovo pismo, slijed prikaza smatra autentičnim od strane kršćanske zajednice započeo je.

Prva utvara

14. veljače 1876

To je noć 14. veljače 1876. Sluga Božji je u vrlo krhkom trenutku. Oko ponoći, nekoliko brojki se pojavljuju na rubu kreveta. Slijedi opis samog vidovnjaka: "Odjednom se vrag pojavio ispod mog kreveta. Kako sam se bojala. Bilo je strašno, pravio sam lica kada se Djevica pojavila na drugoj strani kreveta ".

U ovome, dijalog između njih je počeo:
"Što radiš ovdje? Zar ne vidiš da je Estela obučena u moju konjušnicu? - Mary je pitala, odnosi se na Sotonu.
"Došao sam jer te želim vidjeti u posljednjim trenucima." " To mi pruža puno zadovoljstva", kazao je Sotona sarkastično.
"Čudovište, zašto se tako ponašaš?", pitala me je sluškinja.
"Jer sam vrag, zašto lopte", odgovorio je Sotona.
"Smiri se, kćeri moja.". Ne boj se ovog čudovišta", pitala je Mary.
"Čvrsto sam uvjeren da ću biti dobro", kazao je pacijent.
"To je dobro! " Mary je bilo drago." "
Brojke nestaju u tami noći bez daljnjeg objašnjenja. Ovo je prvo duhovno iskustvo umiruće žene.

Drugo pojavljivanje

14. veljače 1876

Iste noći, u zoru, Djevica se pojavila kako se prikazuje zabrinutim i opreznim pogledom prema slugi.

"Ovdje sam, kćeri." Želim te držati u rukama u lice tvoje krhkosti", najavio je besprijekornu.

"Hvala, majko." " Međutim, još uvijek sam vrlo uznemiren grijeh ovima koje sam počinio u prošlosti i da su u mojim očima bile male greške – komentirao pacijenta.

"Nekoliko dobrih djela i nekih divljih molitvi koje ste obratili meni dodirnuli srce moje majke, pun sam milosti – otkrio sam našu majku.

"Ove riječi me ohrabruju", kazao je časni kršćanin.

"Srećom, imam tri vijesti da vam kažem: pet uzastopnih dana, vidjet ću vas; subota, umrijet ćete ili biti izliječeni; ako vam moj sin da svoj život, objavit ćete moju slavu", rekla je Mary.

"Dirnut sam." Molim vas da mi kažete da li ću biti izliječena ili ne ". Marijin odani zamolio je da se snažno raspita.

"Slažem se." Primio sam tvoje pismo i rekao da će biti izliječeno", rekao je Prosvijetljeni.

"Slava Bogu i blagoslovljena si među ženama." Ne znam kako da ti zahvalim na takvoj milosti.

"Radi dobro uvijek, i već smo nagrađeni. "Uzmi ovaj teški period kao te Sveto

"Poslušat ću tvoj savjet", obećala je Estela.

"Sretan sam. Sada idi spavati, kćeri moja.

To je rekao, majka Božja nestala usred mračne noći. Umorna, umiruća žena zaspala osjećajući se malo bolje. Sljedeći dan bi bilo drugo vrijeme testiranja i pročišćavanja duše.

Treća prikaza

15. veljače 1876

Estela je mislila na sve događaje koji su se dogodili u svom kratkom životu. Njegovo postojanje je bilo skupljanje dobrih i loših stvari sa predumišljajem dobrih činjenica. Onda je pomislio: Zašto ne umreš sada u milosti?

Čim se djevica pojavila pored kreveta, ona je odlučila da se suprotstavi tome.

"Laku noć, kćeri moja." Bolje je? Djevica je pitala.

" Malo bolje. Moja majka, uz dužno poštovanje, ako imam izbora, volio bih umrijeti dok sam dobro pripremljen... pitala umiruću ženu.

"Nezahvalan! Ako ti moj sin vrati zdravlje, trebaš ga. Ako je moj sin dopustio da ga diraju, to je zbog tvoje velike ostavke i strpljenja. Nemojte izgubiti voće zbog vašeg izbora - osuditi besprijekorne.

"Jako mi je žao, ne znam očeve dizajne, prihvaćam ostavku da nastavim misiju." Sluga se sama degradirala.

"Drago mi je što si razmislio." Ostavio sam svoj mir i sreću s tobom. Poboljšanja!

To je rekao, Mary se uzdigla da potpuno nestane. Val zadovoljstva i radosti ispunio je Estela duh. Morala je puno toga naučiti.

Četvrta prikaza

16. veljače 1876

Pobožna Mary je poboljšala svoje zdravlje od zadnjeg nastupa. Tijelo i um reagirali su malo po malo čak i u lice vrlo opasne bolesti. Tko je poput Boga? Za njega, ništa nije nemoguće. Zadovoljan, ovaj časni sluga nastavio je primati posjete od Blažene Djevice Marije.

U noći kad je dan, sjedila je pored kreveta i opet se javila.

"Blažena Djevice, zašto si me slušala, siromašna grešnica?" Pitala je Estela.

"Objasnit ću." Te nekoliko dobrih djela i nekih divljih molitvi koje ste mi posvetili dodirnuli su srce moje majke, među ostalima, to pismo koje ste mi napisali u rujnu 1875. Najviše me je dirnula ova rečenica: vidjeti bol mojih roditelja ako ih propustim. Oni su blizu moleći za kruh. Zapamti da si i ti patio kada je Isus tvoj sin postavljen na križ. Pokazao sam ovo pismo sinu, otkrio sam Mary.

"I što je rekao? "Zanimljivo Estela."

"To bi te izliječilo." Zauzvrat, trebao bi objaviti moju slavu," potvrdio je Majku Božju.

"Ali kako da to učinim?" Nisam velika stvar, ne znam kako sam to mogao učiniti – Marijin sluga je sumnjao.

"Prosvijetlit ću te." Svaka stvar u svoje vrijeme. Odmori se, kćeri moja, preporučila je Prosvijetljenog.

„Pravo. Hvala još jednom – zahvalio mladoj ženi.

Trenutno je opet bila sama sa svojim duhovima. Budućnost je izgledala sjajno i obećavajuće u ovom trenutku.

Peti izgled

17. veljače 1876

Bila je to obična noć kao i svaka druga. Odjednom se pojavila Marijina figura, približavala se njezinom uobičajenom osmijehu.

"Ovdje sam da te podsjetim na tvoje obveze budući da si malo bolja", rekla je Mary.

"Čim se potpuno poboljšam, obećavam da ću ih sve ispuniti", obećao ju je sluga.

Želiš li biti moja vjerna odana osoba?

"Što da radim? Pitao Estelu.

"Ako me želiš služiti, budi jednostavan i pusti da tvoji postupci dokažu svoje riječi", kazao je Svetac.

"Što ako se preselim negdje drugdje?" "Posvetni je ispitan."

"Gdje god da si, što god da radiš, možeš zaraditi blagoslov i proglasiti moju slavu", rekla je Mary.

Pauzirajući, majka Božja je bila malo tužna i nastavila:

"Ono što me najviše rastužuje je vidjeti da ljudi nemaju poštovanja prema mom sinu u Euharistija i način na koji se ljudi mole dok su njihovi umovi na drugim stvarima. Govorim to onima koji se pretvaraju da su božanstveni.

"Mogu li odmah proglasiti vašu slavu?" - "Estela je pitala.

"Da! Da, ali prvo pitaj svog ispovjednika što misli. Naići ćete na prepreke, biti ćete isprovocirani i ljudi će reći da ste ludi. Međutim, ne obraćaj pažnju na njih. Budi iskren prema meni i pomoći ću ti – rekao Djevica.

Bezgrešni su nestali kao dim. Nakon toga je slijedilo razdoblje uzbuđenja, patnje i bol za pacijenta. U točno 12:30 osjećao se bolje. Navečer je njegov ispovjednik otkrio prikaze. Poslije savjeta, pohađala je kasniju misu gdje je potpuno izliječena. Blagoslovljena bila naša sveta Majko!

Šesta pojava

1. srpnja 1876

Estela je nastavila sa normalnim aktivnostima. Posebno sam bio angažiran da promoviram odanost naše dame kao znak zahvalnosti za njeno liječenje. U ovoj aktivnosti, osjećao se sretnim, ispunjenim i neopisivim mirom.

Nakon normalnog rada, sluga se okupila u svojoj sobi u molitvi. Oko deset sati noću, djevica se pojavila okružena svjetlom.

"Budi mirna, kćeri moja, strpljenje, bit će ti teško, ali ja sam s tobom", uvjerio sam se Prosvijetljeni.

Odani sluga je bila u takvom stanju ekstaze da nije mogla odgovoriti. Majka Božja je ostala tamo nekoliko trenutaka i kada je rekla zbogom:

" Hrabrost, moram se vratiti.

Ustajanje na nebu, Marija ga blagoslovila. Sluškinja je stalno razmišljala o svim događajima. Kasnije se predao

umoru odlaskom na spavanje.
Sedmi izgled
2. srpnja 1876

Dani su bili vrlo zauzeti za ovog slatkog mladića. Iako je uvijek bila zauzeta svojim dužnostima, stalno je razmišljala o prikazivanjima i onome što su predstavljali u njenom životu. Dakle, on nije čekao noć doći i pronaći svoju voljenu majku opet.

U 10:30 ujutro, otišao u krevet nadajući se da će vidjeti još jednu paranormalnu viziju. Iako, bila je toliko umorna da je zaspala. Sat kasnije probudio se i rekao svoje uobičajene molitve. Tada ga je opet posjetila blagoslovljena Majka Božja.

"Zadovoljan sam tvojim radom." Kroz tebe, mnogi grešnici će biti pretvoreni u novi život. Hajde, moj sin je osvojio više duša koje su mu se dublje posvetile. Njegovo srce je toliko puno ljubavi prema mom srcu, da mi nikad ništa ne može odbiti. Za mene, dodirnut će i omekšati najteža srca", povjerio se Djevici Mariji.

"Tražim znak." Moja dobra majka, molim te, za tvoju slavu," zatražila je slugu.

"I nije li tvoje liječenje veliki dokaz moje moći?", došao sam posebno da spasim grešnike", rekao je Mary.

"Da, istina je, moja majka", složio se da je odan.

"O čudima, neka ljudi vide ovo", zaključila je Mary.

To je rekao, prosvijetljeni jedan nestao bez daljnjeg objašnjenja. Današnji posao je završen. Iscrpljen, sluga Božji opet zaspao.

Osma utvara
3. srpnja 1876

Marijina sluškinja je bila u odrazu u svojoj sobi kada je opet primila posjetu od kraljice neba. Ovaj put je bila lijepa kao i prije.

"Želim da budeš mirniji, mirniji, nisam rekao koji dan ili vrijeme ću se vratiti, ali morate se odmoriti", Djevica ga grdi.

Prije nego što je Marijin sluga mogao odgovoriti i pokazati kako se stvarno osjećala prije nego što je velika misija predstavljena, djevica joj se nasmiješila i zaključila:

"Došao sam završiti zabavu."

Vizija je onda isparila. Svaka od tih vizija je stvarala zanimljiv film za cijelu katoličku zajednicu. Bila je čast da je ta mlada djevojka postala protagonist svih tih otkrića. Zato bi nastavio svoj posao.

Deveta utvara

9. rujna 1876

Naš voljeni prijatelj, sluga, molio se krunicu u svojoj sobi kad je opet vidjela viziju. Naša dama se pojavila u liku lijepe žene. Gledajući okolo, duh pronađen:

"Odbili ste me posjetu 15. kolovoza jer niste bili dovoljno mirni." Imate pravi francuski lik: žele znati sve prije nego što nauče i razumiju sve prije nego što to znaju. Mogao sam se vratiti, ti si me lišio posjete jer sam čekao čin pokornosti i poslušnosti od tebe.

"Nisam se osjećao spremno." Bolje ikad nego nikad, zar ne? Sluga je pitao.

"Da, u pravu si, čuvaj mi ovcu", preporučio je Djevicu.

To je rekao, pogledao je u nebo i nestao odmah. Njezina poštovana posvećena je bila sretna zbog ovog sastanka nakon toliko vremena.

Deseta utvara

10. rujna 1876

Na ovaj dan, majka Božja pojavila se u Svetoj Esteli u isto vrijeme prije neki dan. Bilo je samo nekoliko trenutaka kada je ostala u sobi i rekla:

"Moraju se moliti. Dat ću vam primjer."

U sljedećem trenutku, ona je stavila ruke zajedno i mahnula zbogom. Onda je sluškinja otišla na odmor od dugih poslova tijekom dana. Međutim, bila je zadovoljna rezultatima svojih napora.

Jedanaesti izgled

15. rujna 1876

Bilo je pet dugih dana kada je vidovnjak bio u unutarnjem duhovnom povlačenju. Pomirenje posla i vjerski život, mlada žena se osjećala potpuno ispunjeno u svojim svrhe. Ali činilo se da postoji blok u njegovom životu. Zbog toga mu se Djevica opet pojavila.

Kao i uvijek, imao je viziju u trenutku odraza i molitve u svojoj sobi. Potpuno prosvijećena, Mary je pokazala tužnu i zabrinutu licencu slugi.

"Laku noć, moja gospo, kako lijepo od vas što ste došli." Razmišljao sam o svim činjenicama u mom životu. Zaključio sam da sam živio perverznu mračnu noć koja me progoni do danas – Estela je potvrdila.

"Moraš to preboljeti." Istina je da je napravio mnogo grešaka. Ali njegovo pismo i njegovo žaljenje su učinili čudo mogućim. Sada je na vama da nastavite svoj život s više optimizma – rekla je Mary.

"Nadam se da ću to učiniti." Što je s vjernicima u zemlji? Sluga je pitao.

"Ne mogu više zaustaviti sina." Već sam se potrudio na vrhovima prstiju," naglasio je besprijekorno.
"Što će se onda dogoditi?" "Zanimljivo, sluškinja."
"Francuska će patiti", najavila je lijepa žena.
"To tužno! „Ona je primijetila mladu ženu.
"Imaj hrabrosti i samopouzdanja." Podržavao je utvaru.
"Ako sam to rekao, možda mi nitko neće vjerovati", mislio je vidovnjak.
"Kažem unaprijed, sve gore za one koji ne vjeruju, oni će prepoznati istinu mojih riječi kasnije", najavila je Mary.
To je rekao, majka Božja nestala ostavljajući joj povjerenik još više zapanjena tim činjenicama. Bila mi je čast sudjelovati u ovim važnim trenucima. Zato ću nastaviti misiju.

Dvanaesta utvara

1. studenog 1876

To je bio dan svih svetaca. Prošlo je dosta vremena od zadnjeg nastupa, što je našem dragom prijatelju malo tužno i dosadno. Iskustvo vizija je bilo tako intenzivno i dobro da je uvijek htjela to ponoviti i to se dogodilo danas.
Pojavljuje se na običan način, s raširenim rukama i nosi lopaticu, majka Božja se osvrnula i pogledala prema horizontu sa uzdahom. Onda se nasmiješio, dakajući slugi pogled ljubaznosti. Onda je nestao bez objašnjenja. Bilo je dovoljno da ispuni dan sreće te slatke mlade žene.

Trinaesti izgled

5. studenog 1876

Estela je upravo završavala moleći krunicu kad je vidjela Blažena Djevica.

"Oh, gospođo." Osjećam se nedostojno misije koju ste mi predložili jer ima toliko ljudi kvalificiranijih nego što sam ja da proglasim vašu slavu... misli sluškinja.

"Biram tebe. Izabrao sam nježno i nježno za svoju slavu. Budi hrabar, tvoj zadatak će početi – rekao je lijepa dama, smješka.

Poslije toga, Blažena Djevica prekrižila ruke i nestala u beskrajnost noći.

Četrnaesta utvara

11. studenog 1876

Nekoliko dana, ovaj poseban sluga Gospe se više puta bavio molitvama tražeći inspiraciju i pomoći s neba u rješavanju njezinih najkritičnijih sumnji. U jednom trenutku, ona je vikala sljedeću rečenicu:

"Zapamti me, Najsvetija Djevica Marijo.

Odmah se pojavila lijepa dama s prekrasnim osmijehom.

"Nisi gubio vrijeme danas, radio si za mene", rekao je.

"Misliš na svetinja koji sam napravio?" Djevojka je pitala.

"Da. Moja želja je da učiniš mnoge," potvrdila je Mary.

Uznemirujuća tišina visi između njih dvoje. Izraz djevice se iznenada promijenio od radosti u tugu. Zaključio je preporučujući:

"Hrabrost!

Rukovanje lopatice i savijanje ruke, njegov duh nestao. Njezina odana voljena će biti ostavljena na miru sa svojim dužnostima.

Zadnji izgled

8. prosinac 1876

Prošlo je gotovo mjesec dana otkad se voljena djevica pojavila svom odanom slugi. Zbog ove činjenice je bila uznemirena i pažljiva. Stalno je razmišljala o tome na misi na kojoj je bila. Nakon povratka kući i boravka u privatnosti svoje sobe, ona se pojavila veličanstveno za ono što bi se posljednji put.

"Moja kćeri, sjećaš li se mojih riječi?" Djevica je pitala.

Odjednom, najvažnije riječi djevice došle su do prednosti posebno o odanosti Svetinja i drugih tajni.

"Da, sjećam se savršeno, moja majka", potvrdio je slugu.

"Ponovi te riječi mnogo puta. Pomoći će ti tijekom tvojih suđenja i muka. Više me nećeš vidjeti", rekla je Mary.

"Što mora biti od mene, najsvetija majko?" "Posvetni je bio očajan.

"Bit ću s tobom, ali nevidljiv", tješio ju je.

"Vidio sam linije ljudi koji me guraju i prijete mi, to me je učinilo prestravljenim", kazao je Estela.

"Ne morate ih se bojati, izabrao sam vas da objavite moju slavu i širite ovu odanost", rekla je naša gospa.

Mary je držala lopaticu u rukama. Slika je bila toliko ohrabrujuća da je sluga imala ideju.

"Moja voljena majko, možeš li mi molim te dati ovaj svetinja?"

"Dođi i poljubi ga", Mary pristala.

Približavajući se, sluškinja je imala zadovoljstvo dirati i ljubiti svetu relikviju koji je postao najvažniji trenutak u svom životu. Razgovor se nastavio.

"Vi sami, idite u Prelaat i predstavite mu model koji ste napravili i kažete mu da ako vam pomogne, više me zadovoljava nego gledanje moje djece kako ga koriste dok oni odu od svega što vrijeđa moj narod, dok moj sin prima sakrament svoje ljubavi i radi sve što je moguće da popravi štetu koja je već učinjena. Pogledajte milost koju moram pokloniti svima koji imaju povjerenje u mene i istovremeno šire ovu odanost – Mary je govorila.

Proširenje ruku, svetac je uzrokovao da obilna kiša pada. Nastavila je:

"Milost koju ti moj sin daje su: zdravlje, povjerenje, poštovanje, ljubav, svetost i sve druge milosti koje postoje. Odbija mi bilo što.

"Mama, što da stavim na drugu stranu lopatice?"

"Imam tu stranu rezervirano za mene", odgovorio je Isusova majka.

Ton je bio zbogom. Tuga je poplavila okolinu znajući da je ovo posljednji kontakt na Zemlji između njih dvoje.

"Hrabrost, ako ne radi što želi, idi više." Ne boj se. Pomoći ću ti, Mary mi je preporučila.

Dok je šetao po sobi, njegov duh je letio i nestao kroz pukotine u sobi. Ovaj niz prikaza je završen. Blagoslovljena bila naša majka!

Naša Gospa od kucanja

Irska
21. kolovoza 1879

Kuc je bilo malo selo s oko deset kuća. Utvrda se dogodila u olujnoj i hladnoj noći: točno na stražnjem zidu kapele pojavila tri prekrasna čovjeka i oltar. Dvjesto ljudi je bilo na mjestu zločina i moglo je svjedočiti da su Marija, Joseph, i Sveto John Evangelist bili tamo. Vizije su se ponavljale u drugim prilikama i zbog događaja čuda vezanih za činjenicu, uzimali su ih zdravo za gotovo Katolička crkva.

Izgled u Kini

Naša Gospa od Dong-Lu
1900

Kina je oduvijek bila faza otpora širenju kršćanstva. Međutim, naša dama uvijek traži preobraćenje svoje djece. Čudesan događaj se dogodio u lipnju 1900. U to vrijeme, kršćanski progonitelji su okružili rodni grad Dong Lu na rubu uništenja otpornika. Tada su se Bezgrešni pojavili okruženi anđelima. To je bilo dovoljno da prestraši protivnike i natjera ih da trče stampedo.

Spašeni od opasnosti, stanovnici su izgradili hram u čast Marije kao način zahvale. Tada je utočište priznano kao službeni hodočašće centar, dan gozbe je dana u čast naše dame i konačno, posvećenost zemlje grudima Djevice Majke.

Kineski komunistički režim bio je glavni protivnik za rast kršćanstva u regiji. Osjećajući se ugroženo, izjava vlada okupila je skupinu od pet tisuća vojnika, osim desetaka oklopnih vozila i helikoptera koji napadaju Marian utočište. Akcija je rezultirala zapljenom kipa Djevice Marije i uhićenjem mnogih svećenika.

Prihvaćena kao ilegalna religija, kršćanstvo se neprestano progoni u Kini. Kršćani u regiji imaju tendenciju da se vjera u tajnom načinu izbjegavanja odmazde. Ipak, mnogi od njih su nestali ili su uhićeni. To je prava bitka dobra protiv zla.

Jedna stvar koja je rastužila katoličke ljude na svijetu je kada su komunisti uništili Crkvu Dong-Lu tijekom Olimpijade u Pekingu. Međutim, slika naše dame Kine je ostala netaknuta jer ga nisu pronašli anti-kršćani.

Naša dama je i kraljica Kine. Čak i ako Sotona nastavi proganjanje, neće biti manjka katolika u najpopularnijoj zemlji na svijetu. Dokaz o ovome su bezbroj prikaza prijavljenih u Dong-Lu. Pomolimo se za sve naše kineske braće i sestre vjere.

Naša Gospa od Qing Yang
1900

Bila je jedna seljanka iz ove regije koja je bila jako bolesna. Otišla je kod svih doktora koje je poznavala. Međutim, nijedan preporučeni tretman nije imao nikakvog učinka.

Jednom je hodao po selu kada je lijepa dama nosila dugu bijelu haljinu i plava traka se pojavila na putu.

"Skupi travu iz ovog područja. Napravi čaj i pij. Obećavam ti da ćeš uskoro biti lijek.

"Dobro, gospođo." Učinit ću kako tražite.

Seljakinja je poslušala naređenje koje je dobila od tamo. Kad se vratio kući, popio je čaj. Kao što sam obećao, popravio se za kratko vrijeme. Otkrila je samo o tome tko je predivna prikaza kada je vidjela istu sliku prikazanu u domu katolika. U tome su se vijesti širile širom regije i diljem zemlje.

Zbog okolnosti, biskupija je preuzela kupovinu zemlje na kojoj se svetac pojavio, u nizu izgradnje kapele, a kasnije crkve. Tijekom vremena, hodočašće na mjestu samo se povećalo i konsolidiralo se kao jedan od najvažnijih Marian hramova na svijetu.

Naša Gospa od Sheshan

Shanghai-Kina-1900

Šangaj se nalazi na istočnoj obali Kine. Zbog strateškog položaja, pored doline Yangzi rijeke, postala je prolaz katoličkih misionara s ciljem evangelizirana Kine. Čim su se smjestili u zemlji, izgradili su svetište posvećeno našoj Gospe od Sheshan na zapadu grada. Pored njega, kuća za povlačenje je također izgrađena za smještaj umirovljenih Jezuita.

Veliko postignuće naše gospe u regiji je bilo da je spasila biskupiju od napada promovirana Taiping pobuna. Kao zahvalu, lokalni kršćani su podigli baziliku u čast Božje majke, što ju je učinila posebnim zaštitnikom Shanghai biskupije.

S održavanjem prve konferencije biskupa, slika Šangaja je usvojena kao Gospa Kineske kraljice. Zbog kulturne revolucije, originalna slika naše dame je uništena, a druga slika zamijenjena je u travnju 2000. godine. Kopija ovog kipa je data Papi Benedictu XVI i nazvana "Gospa od Sheshan". Ovo je jedan od najvažnijih Marian centara u zemlji gdje svetac uistinu slomi glavu zmije, predstavlja pobjedu dobrog nad zlim.

Kraj

www.ingramcontent.com/pod-product-compliance
Lightning Source LLC
LaVergne TN
LVHW020446080526
838202LV00055B/5354